少年梦 中国梦

# 读故事
## 跟伟人学思想

DU GUSHI 【初中版】
GEN WEIREN XUE SIXIANG

中国青年政治学院
于 昆 ◎ 主编

科学技术文献出版社
SCIENTIFIC AND TECHNICAL DOCUMENTATION PRESS
· 北京 ·

图书在版编目(CIP)数据

读故事，跟伟人学思想 / 于昆主编. —北京：科学技术文献出版社，2015.4
ISBN 978-7-5023-9045-7

Ⅰ.①读… Ⅱ.①于… Ⅲ.①德育—中学—课外读物 Ⅳ.① G631

中国版本图书馆 CIP 数据核字（2014）第 126453 号

读故事，跟伟人学思想

策划编辑：刘冬燕　　责任编辑：崔灵菲　　责任校对：张吲哚　　责任出版：张志平

| | | |
|---|---|---|
| 出　版　者 | 科学技术文献出版社 | |
| 地　　　址 | 北京市复兴路15号　邮编　100038 | |
| 编　务　部 | （010）58882938，58882087（传真） | |
| 发　行　部 | （010）58882868，58882874（传真） | |
| 邮　购　部 | （010）58882873 | |
| 官方网址 | www.stdp.com.cn | |
| 发　行　者 | 科学技术文献出版社发行　全国各地新华书店经销 | |
| 印　刷　者 | 北京时尚印佳彩色印刷有限公司 | |
| 版　　　次 | 2015年4月第1版　2015年4月第1次印刷 | |
| 开　　　本 | 850×1168　1/32 | |
| 字　　　数 | 32千 | |
| 印　　　张 | 3.75 | |
| 书　　　号 | ISBN 978-7-5023-9045-7 | |
| 定　　　价 | 9.50元 | |

版权所有　违法必究

购买本社图书，凡字迹不清、缺页、倒页、脱页者，本社发行部负责调换

# 目录

十个指头弹钢琴 .................. 1
没有调查没有发言权 .......... 8
张果老倒骑驴 ................. 15
绝知此事要躬行 ............... 22
送母亲到省城看病 ........... 29
红军长征路上的"精神
　会餐" ...................... 35
困境中的根据地建设 ........ 43
大别山上抗寒冬 ............... 50
建设成渝铁路 ................. 56
信息技术要从娃娃抓起 ..... 64
一条蓝白相间的围脖 ........71
虚心使人进步 ................. 77
磨刀不误砍柴工 ............... 83
揭开神奇催眠术的秘密 ..... 89
造就天才的秘密 ............... 96
珍贵的小纸片 ............... 104
最不听话的病患 ............. 110

十个指头弹钢琴

# 十个指头弹钢琴

学生：您常说的"不能眉毛胡子一把抓、西瓜芝麻一起拣"是什么意思？

老师：这是说做什么事，要突出重点、主次有别、合理安排，这样才能解决各种矛盾和困难。我们的毛主席曾经说过要学会"十个指头弹钢琴"，说的就是这个道理。

## 跟伟人学思想

我们都知道毛泽东是我们的伟大领袖和新中国的主要缔造者之一。不过你们知道吗？少年时代的他，也和所有的孩童一样贪玩。下面要讲的，就是这个贪玩的孩子的天才事儿。

儿时的毛泽东经常和小伙们一起放牛。小孩子们贪玩，来到山上，往往都像脱缰的野马一样疯玩起来，把

## 十个指头弹钢琴

放牛这件事忘到九霄云外。于是,要么是到了下山时牛还没吃饱,要么就是牛跑到了别人的田里把庄稼糟蹋了,小伙伴们没少因为这个挨骂。为此,他们皱起了眉头:放牛和玩儿能不能两不误?怎样既能把牛放好,又能自己玩好?

毛泽东想了想,提出了一个主意:分组!他把小伙伴们分成了三个组,一组负责看牛,坚决不能让牛糟蹋了庄稼,一组割草,最后一组则去采摘果子。看牛的,割草的,摘果子的,三个组分工各有不同,小伙伴们每天轮班,

使劳动内容得到平衡。

小伙伴们听完这个主意,都连连叫好。等到真正实施的时候,他们就更高兴了:他们各自分组行动,每天太阳快到天空正中间时,大家都纷纷带着自己的胜利果实会和在一起,别提多带劲儿了!放牛的孩子们,牵着肚子滚圆滚圆的牛兴致勃勃;割草的孩子们,背着满满的一篓子草笑容满面;摘果子的孩子们,背着、抱着各种美味果子笑逐颜开……胜利的果实如何分配呢?毛泽东把草和果子聚集在一起,公平合理地分配给大家。有时候他们还把分配后多余的草拴起来挂在树枝上,谁跳得高抓住了草就把草分给谁。这样公平、合理又有趣的安排和分配,让大家不

## 十个指头弹钢琴

仅把放牛这件大事做得很好,又能玩得痛快淋漓,所以小伙伴们做每件事时都非常有动力。就这样,毛泽东成了名副其实的"牛司令",大家都愿意和这个了不起的"牛司令"一起放牛!

从这件放牛和游戏的小事儿上,我们就能看出毛泽东从小就显示出的卓越的领导能力。而毛主席对伙伴们放牛这件事的组织和分配正是不自觉地遵循了他后来总结的"十个指头弹钢琴"的工作方法。

毛主席的"十个指头弹钢琴"的比喻是用来阐述哲学中主要矛盾和次要矛盾的理论的。钢琴中的黑白键子是强调哪个是重点,哪个是次要。而要弹出好的音乐,十个指头的动作就要相互配合。所以"十个指

头弹钢琴"实际上就是要我们抓住重点,处理好主要矛盾,同时兼顾次要矛盾,这样才能把工作做好。

凡事预则立,不预则废。只有学会十个手指弹钢琴,进行科学运筹、高位谋划,做事才能成竹在胸、胜券在握。

 哲理分享

老师:矛盾是唯物辩证法的重要内容。在复杂的事物中,有很多很多的矛盾。这些矛盾有的是主要的,比如故事里"放牛"这件事,就是孩子们的主要任务;有的矛盾是次要的,比如割草和摘果子。主要矛盾决定着事物的发展,主要矛盾和次要矛盾又是相

## 十个指头弹钢琴

互依赖、相互影响的，在一定条件下可以相互转化。比如在故事里，如果牛放不好、小伙伴们挨骂了，大家会快乐吗？少年的毛泽东抓住了问题的关键，通过分组这个好办法解决了问题，既放好了牛，又让大家能够开心地玩耍，这就叫"十个指头弹钢琴"，也就是统筹兼顾、恰当处理主次矛盾。

学生：原来这个故事里包含着这么多的哲理呢。这回我懂啦，以后我也要锻炼自己的能力，学会给要做的每件事情正确排序，分清主次、大小、难易，这样事情再怎么复杂，我也不怕啦。

# 没有调查没有发言权

学生:为什么老师总让我们组成小组做调查作业呢?还有,为什么有些同学总是能做得很好,而我却总是做不好呢?

老师:这是因为那些同学都是从实际出发来发现问题和解决问题的,做事情要将现实中的各种情况都考虑清楚了再行动,只有这样才能取得好的结果。

## 没有调查没有发言权

毛泽东特别欣赏古人"周览名山大川"以使自己"襟怀益广"的做法,他认为这是一种"活读书"的方式,既能增长见闻,又能体察民众的疾苦。所以,他在湖南第一师范学校读书的时候,经常利用暑假时间出去"游学"。

有一次,毛泽东约同学萧子升一同去徒步旅行。萧子升皱着眉问毛泽东要走多远,毛泽东伸出一个指头说,至少一千里。萧子升顿时面露难色。毛泽东拍了拍自己的大腿说:"杨先生曾经教导我们,只有不怕苦了脚板子,才能对中国农村了解得深、了解得透、了解得准。"萧子升被毛泽东说动了,同他一同踏上了旅程。

　　他们各带一把雨伞，一条毛巾，穿上草鞋不带一分钱就上路了。没有盘缠，他们靠什么吃饭住宿呢？因为毛泽东字写得漂亮，又懂得诗词韵律，每到一处看到机关或者商铺，他就写一副对联送去。人家见到写得工整漂亮的对联，总会给些吃的，或者给一些钱。靠着这种变相行乞的方式，他和萧子升跑了许多地方。

　　一路上，他们遇到寺庙就进去与和尚讨论佛法；走到田间地头就和耕作的农民聊天；碰到还没有放假的学校就去蹭课听。虽然风餐露宿十分辛苦，但也深刻地了解到了种种社会现象，毛泽东把路上的所见所闻所感写成了几篇通讯稿，投往《通俗日报》，幽默

## 没有调查没有发言权

流畅的文风加上针砭时弊的内容立刻引起了人们广泛的关注。

毛泽东最喜欢和各地的农民聊天,有时借宿在农户里,他总是帮人家挑水劈柴,听农民讲当地的风土人情,也教他们破除迷信。农民们最初用怀疑的目光看着这位年轻的"先生",经过接触,大家发现毛泽

调查

东一点读书人的架子都没有,讲起话来通俗易懂,渐渐地都喜欢上了毛泽东讲大山外的故事,并主动邀请他到家中留宿。

有一次路过浏阳的铁炉冲,毛泽东看到当地的树木非常稀少,不像别的地方家中院前屋后都栽满了树木,就问一个农民为何如此。农民说,这树长成要几十年,我又吃不上果子也乘不了凉,栽树做什么。毛泽东说:"前人栽树,后人乘凉,为什么不为后人多想想呢?"说完,他找来了几棵板栗树苗,挖坑填土将其种上。之后毛泽东再也没有到过那里,但郁郁葱葱的板栗树不知为多少过路人提供了一片阴凉。

暑期结束,一本厚厚的游学笔记摆在了毛泽东的

## 没有调查没有发言权

老师杨昌济的书桌上。毛泽东长途跋涉实地考察写出的调查报告得到了老师的高度评价。少年时的游学经历不仅让毛泽东看到农民阶级中蕴含的革命力量,为之后提出"农村包围城市"的路线奠定了基础,也培养了他一切从实际出发、实事求是、注重实践的精神。

### 哲理分享

老师:毛主席少年游学的经历磨炼了他的性格,也养成了他做事情的方法原则,那就是:一切从实际出发,理论联系实际,实事求是,在实践中检验真理和发展真理。这个方法原则作为毛泽东哲学思想的精

髓，也是他最为重要的思想方法和工作方法，从过去到现在一直指导着中国的革命和建设。所以，我们在学习中也要注意实地调查，注意从实际出发来发现问题和解决问题。

学生：现在我明白了，实地调查不是无用功，是对我们课堂学习的补充和促进。

张果老倒骑驴

# 张果老倒骑驴

学生：老师，为什么我明明树立了学习目标却总是达不成目标呢？

老师：有目标是好的，但在树立了明确目标之后是不是还要做些其他的工作呢？

毛泽东带领队伍在井冈山建立了革命根据地。当时的革命工作遇到了一个问题，旧社会的人们普遍没

有接受过教育,很多理论理解起来十分困难,比如组织制定的一些路线政策,都一时难以贯彻下去。很多年轻战士,甚至很多干部都懵懵懂懂不知道革命路线和政策的重要性,这也成了革命根据地发展的瓶颈。

井冈山的夏天炎热潮湿,幸好有大片的竹林可以乘凉。在没有战斗的时候,很多战士都喜欢三五成群地来到竹林,挖挖鲜笋,说说天南海北的见闻。有一

## 张果老倒骑驴

天，一群干部坐在竹林里聊天，聊着聊着就说到了土改政策和战争策略问题。大家各抒己见，意见就是无法统一，甚至吵到最后大家都面红耳赤、不可开交。有个干部口才不好，一气之下回了驻地。正在院子里看书的毛泽东看到他一脸怒气，就问他，大夏天的，怎么这么大的火气。那个干部仰着头说道："林子那边火气大得快把竹子都点着了。"毛泽东详细地询问了事情的来龙去脉，神秘地说："我去给他们灭灭火。"说罢拉着小干部的胳膊向竹林走去。

一个小战士远远看到他们后就喊道："毛委员来了！毛委员来

了!"大家听到后,回头看到毛泽东手中扇着一顶草帽远远走来。大家都迎上前去,一个干部说:"毛委员,您来得正好,快给我们说说这新制定的政策究竟是怎么回事。那几个小鬼非说条条框框不实在,他们每天就知道喊打喊杀的。"一个战士不服气:"干革命,打胜仗是关键,哪有那么多大道理,光说不练的!"

毛泽东摆摆手让大家少安毋躁,然后笑着让大家不要争了,要先给大家讲个故事。这些年轻的战士一听毛委员要讲故事,都兴奋地围坐在毛泽东身边。毛泽东清了清嗓子问道:"大家都知道八仙里的张果老是怎么骑毛驴的吗?"

## 张果老倒骑驴

一个小战士伸直了胳膊抢着说:"我知道,张果老倒骑驴!"

毛泽东用草帽拍了一下那个战士的头说:"小鬼说得对,就是倒骑驴。张果老在成仙之前要去蓬莱朝圣。一天,他走着走着就遇到了八仙之一的吕洞宾,吕洞宾问张果老哪里去,张果老说,蓬莱朝圣去。吕洞宾一听惊诧地说,蓬莱在东边,你骑毛驴往西去做什么?张果老生气地反驳道,毛驴是往西的,可我的脸是朝向蓬莱的呀!"

大家听完,有的笑得前仰后合,有的拍着大腿笑张果老很笨。毛泽东看大家笑作一团,就继续说道:"革命的人如果路线政策选错了,革命是不能胜利

的。就像张果老,他虽然面朝蓬莱,但方向走错了,永远都到不了蓬莱。"听完毛泽东的故事,在场的干部和战士都若有所思,明白了毛委员讲这个故事就是告诉大家革命的路线和政策对于革命发展的重要性。

## 哲理分享

老师:毛主席用张果老倒骑驴的故事告诉年轻的战士们正确的认识、正确的路线方针是多么重要。而革命战争时期的路线政策就像今天达成目标的方法。现实生活中,一个人只有明确的目标是不够的,还要选择切实可行的方法。正确的方法是事业顺利发展的保证。一旦方法选错了,即使目标再正确也是不可能

## 张果老倒骑驴

实现的。所以在我们精心设定了目标之后还要花心思寻找达成目标的方法。只有这样才能真正促进事业和学习的进步和发展。

学生：嗯，我这就去制订一个可行的学习计划。

# 绝知此事要躬行

学生：老师，我哥哥去企业实习了，这样不会耽误看书学习吗？

老师：不是只有书本上的知识才是知识呀。要善于从社会生活中汲取知识，多动手实践才能学以致用。

新中国成立以后，为了进一步提高农业劳动生产力，中央号召推广新式农具。一时间，发明改造新农

绝知此事要躬行

具的热潮席卷全国。毛泽东在听说浙江省农业科学研究所正在研究改进的双轮双铧犁取得了很好的试验效果时，决定亲自去看看。

在一个晴朗的星期天，毛泽东来到了浙江省农业科学研究所。刚刚走进实验大楼，就被放在走廊上的一辆双轮双铧犁吸引了。毛泽东弯下腰来仔细观察了双轮双铧犁的主体配件，并问："这是不是你们改进的双轮双铧犁？改进的犁臂是不是已经装上了？"所长楼宇光对毛泽东的问题做了详细的回答。听完之后，毛泽东说："这双轮双铧犁摆在光溜溜的水泥地上是看不出效果的，我们到田里去。"于是一行人来到了试耕现场，工人张有根早就做好了准备。毛主席

走到小张面前,带着微笑问道:"你会耕地吗?"张有根答道:"我会。"毛主席高兴地说:"好哇!你就耕给我看看吧。"

只见张有根牵动着牛绳,两头耕牛拉着双轮双铧犁开始耕地,犁过的土地上出现一道笔直的田垄。毛泽东蹲在地上仔细地观察耕翻过的土壤,望着已经耕到地边的张有根问道:"用双轮双铧犁比用旧式木犁省力吧?"张有根回答道:"省力,比以前容易多了。"

## 绝知此事要躬行

这时,毛泽东突然转过脸来问:"我行吗?"大家听后先是一愣,但很快就反应过来:毛主席是要亲自动手扶犁耕地了。张有根调转了犁头,又将犁头重新插入土中。毛泽东接过犁把开始耕地。人们注视着毛主席驾驭双轮双铧犁前行的身影,不禁思绪万千,领袖的光辉风范激起了在场人员深深的敬仰之情,也深刻地教育了每一位农业科技工作者。

毛泽东放下了双轮双铧犁,回头对所长楼宇光说:"的确比我当放牛娃的时候省力不少啊。你会不会犁地呀?"

楼宇光学的是土壤农化专业,对犁地是一窍不通,他一边挠着头一边红着脸说:"这个和我的专业

不太对头。"

毛泽东笑着说:"纸上得来终觉浅,绝知此事要躬行。你是学化学的,我想问一下,农作物所包含的元素以什么元素的比重最大?"问到了所学专业,楼宇光就自信多了,分门别类地为毛泽东讲解了各种不同农作物的情况。他们还谈到了土壤的团粒结构,以及日光、水分与农作物生长发育的关系等农业科学问题,毛泽东还向楼宇光借了两本土壤科学方面的书籍。接着,毛泽东的话题又回到农具研究上,当他知道农业科学研究所只是结合改进做了一些工作时,就指出:"要做研究工作,你们设立一个专门部门来进行农具研究工作好不好?"楼宇光说:"当然好。"

## 绝知此事要躬行

毛泽东笑着又问旁边的一位浙江省委的同志："他（指楼宇光）是同意了，你赞成不赞成？"那位同志回答："双手赞成，大力支持。"毛泽东高兴地说："那好，你们就向省委提个建议吧！"

多年来，毛泽东对科技工作的殷切期望和他注重知识与实践相结合的精神，已经深深地融进了农业科学研究所每位科技人员的心间，成为一种力量，持久地鼓舞他们不断地去攀登农业科学的高峰。

### 哲理分享

老师：毛泽东在《实践论》中写道："通过实践而发现真理，又通过实践而证实真理和发展真理。"

从感性认识能动地发展到理性认识,又从理性认识能动地指导革命实践,改造主观世界和客观世界。只学习理论无异于纸上谈兵,而知识和经验的掌握大多来自于亲身实践,所以毛主席说"读书是学习,使用也是学习,而且是更重要的学习"就是这个道理。本文中毛主席去农业科学研究所实地考察双轮双铧犁的故事正是毛主席实践理论的很好证明。

学生:我懂了,原来哥哥去企业实习,也是为了更好地掌握知识呢!

# 送母亲到省城看病

学生：老师，同学们的妈妈都能给他们买新衣服、买新书包，而我只能穿旧衣服，用姐姐淘汰下来的书包。

老师：其实苦难也是一种财富。并不是每个人都能享受苦难，而且，只有过过苦日子的人，将来面对幸福生活的时候，才会懂得更加珍惜。很多伟人在他们年轻的时候，日子过得比我们要苦得多，但他们都

坚持下来了,而且这些苦难为他们后来的事业打下了很好的基础。

毛泽东在长沙读师范的时候,有一天,他的弟弟毛泽民来学校找他。

毛泽东本想和毛泽民叙叙旧,没想到弟弟一脸辛酸样,毛泽东问弟弟出什么事情了,毛泽民说:"娘生病了,村里的医生看不好。"毛泽东心里一惊,他赶忙抓住弟弟,转身就走:"走,回家去接娘来城里看病。"

毛泽东不想让母亲走太远的路,怕她累着,就和

## 送母亲到省城看病

弟弟商议,一起用板车推着母亲去城里。在路上,碰到了认识的人,他们跟毛泽东的母亲打招呼,大力称赞这两个懂事的儿子:"文素勤,你这两个儿子可真懂事啊!"

毛泽东对母亲说:"娘,不管是什么病,只要到了城里啊,就治好了。"母亲起初是不愿意去的,她怕花钱,但是毛泽东坚持要送母亲去城里看病,他说,不管多困难,都要把娘的病治好。

毛泽东把母亲送进了省城最好的医院,外籍医生给他的母亲检查之后,把他叫到房间的角落,又把母亲支开,然后才对他说:"你母亲患的病,已经很严重了。"毛泽东如万箭穿心,他问医生:"那我母亲

的病还能治吗？"医生摇摇头："我们目前的医学还无法治疗这种病，我们只能通过药物保养、延缓这种病的继续发展。但是现在最重要的是，你母亲的身体本来就差。"

毛泽东的母亲，常年在家里干农活，很劳累，50岁的人，看起来像70岁。她的这个病和她劳累过度有很大的关系。

毛泽东很失望地走出病房，在走廊上却听到了护士刁难弟弟和母亲的声音。弟弟本来带着母亲去办理住院手续，但是护士因为他们是农村人，穿得破烂就看不起，借口说他们办理的手续有问题。

毛泽东走过去问护士："护士，我们办理了手

## 送母亲到省城看病

续，请你告诉我们哪里办错了，我们好重新去补办。"护士却把脸扬向一边："没有病房了！"

毛泽东知道这个护士看不起他们，但是他又没有足够的钱去交住院费。于是，他就跑回学校，东拼西凑，借到了一笔钱，但是这家医院的住院费太贵了，毛泽东借的钱连住一天的费用都不够。

伟人毛泽东的生活也充满了苦难，但是这种苦难并不能将他打倒，反而成就了他之后的人生。

## 哲理分享

老师：苦难永远是孕育理想的温床，我们习惯了在苦难的时候向往未来，憧憬美好，期盼更好的明天。苦难也是最好的教材，它教会我们珍惜，教会我们努力，教会我们感恩，还教会我们在苦难中坚持下去，坚持到我们的期待实现的那天。是的，苦难教会我们生活的同时，还教会了我们希望与坚持。

红军长征路上的"精神会餐"

# 红军长征路上的"精神会餐"

师生问答

学生：老师，中午和家人吃的四川菜真是过瘾，又麻又辣！

老师：随着经济的发展，麻辣鲜香的四川菜肴走向了全国各地。但你知道吗？在食物奇缺的革命年代，长征路上的红军将士也能常常"尝"到四川的美味呢。

红军长征途中,战士们的生活极为艰苦。尤其是进入雪山草地之后,因为荒无人烟,无法找到粮食,等战士们身上带的那点干粮吃完之后,只好吃草根、啃树皮,甚至是以皮带为食。

虽然一面是高耸入云、终年积雪的千年雪山和黑水弥漫、沼泽泥泞的茫茫草地,另一面是围追堵截、穷凶极恶的数十万国民党军队,但不论是战士还是干部,大家只要和邓小平在一起,很快就会忘记环境的恶劣和身体上的疲惫。因为邓小平性格乐观、随和,而且总能想出新点子、新方法来鼓励大家,使周围的同志对长征和革命始终充满信心!在邓小平的那些

## 红军长征路上的"精神会餐"

鼓舞人的方法中,最出名的就是他的"牛皮公司"和"精神会餐"。

当时的条件非常艰苦,整个部队的食物特别缺乏,很多战士常常吃不饱饭,所以邓小平"牛皮公司"的一个主要项目就是吹吃的,搞精神上的"会餐"。在活动中,邓小平和同志们一起谈天说地,相互"吹牛"。在谈论中大家可谓是八仙过海、各显神通,各个地方的家乡菜纷纷登台亮相,什么山东风味、四川风味、广东风味等。结果在不知不觉中转移了大家的注意力,使大家忘记了饥饿。

邓小平常常给大家讲自己家乡的四川佳肴,他把

四川菜的麻辣、鲜艳、浓香讲得绘声绘色。尤其是四川的回锅肉，经邓小平口里一讲，那简直是色香味俱全，而且邓小平还将四川回锅肉的特点，从其选料、火候，直至具体调料的搭配，给大家讲得详详细细，令周围的同志听得直咽口水，眼睛羡慕的发光。这种画饼充饥、望梅止渴的消除饥饿的方式很快使邓小平

## 红军长征路上的"精神会餐"

身边聚集了越来越多的同志,虽然没能吃到,但从邓小平的讲述中他们得到了一种比吃过还要满足的精神状态,似乎肚子真的不那么饿了。于是,大家都十分高兴的将邓小平提出的这个新方式称作"精神会餐"。每当队伍又陷入粮食短缺的困境时,就有人提议让邓小平再来一次"精神会餐",整支队伍又变得

士气振奋。

后来,当长征进入四川地界时,大家发现并没有邓小平说的种种美味佳肴,便纷纷开玩笑说邓小平这回"牛皮公司"可要"破产"了。但邓小平依然不急不恼,乐呵呵地辩解说,这个地区是边区,老百姓的日子还太穷,待以后翻身过上了好日子,这一切肯定都会有的!

是啊!从根本上说,我们的红军将士之所以不怕流血牺牲,前仆后继,就是怀着一个坚定的信念,要使普天之下的劳苦大众翻身解放,过上幸福美满的生活。"精神会餐"不仅能解大家一时的腹中之饥,而

## 红军长征路上的"精神会餐"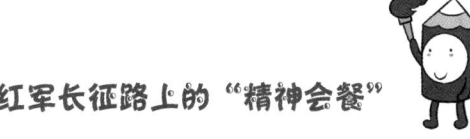

且更加坚定了红军将士们为广大民众争取幸福生活的信念!

### 哲理分享

学生:原来精神的力量竟有如此大!

老师:长征路上,工农红军经历了我们无法想象的艰难困苦。支撑他们完成两万五千里长征的是坚定的革命信仰!精神力量的强大可见一斑。现在我们社会的物质资源不断丰富,但人们的精神水平却有待提高。所以,我们在现代化建设过程中要坚持物质文明和精神文明建设两手抓、两手都要硬。这也是邓小平

一直强调和坚持的,直到1992年春天视察南方时他还说:"广东20年赶上亚洲'四小龙',不仅经济要上去,社会秩序、社会风气也要搞好,两个文明建设都要超过他们,这才是有中国特色的社会主义。"

困境中的根据地建设

# 困境中的根据地建设

学生：老师，面对困难，我们怎样做才能走出逆境？

老师：面对困难，最好的方法不是逃避，而是迎难而上，主动想办法去解决困难，才能走出逆境。

抗战进入相持阶段以来，日寇将大量的兵力投入到共产党领导的敌后战场，企图完全消灭根据地的力量。面对日寇接连不断地扫荡、蚕食，我军太行区根

据地进入到最为严峻的困难时期。日军所到之处实行灭绝人性的杀光、烧光、抢光政策,对我根据地军民的生命财产造成重大摧残,人民的生活、生产条件受到极大破坏,根据地面积日渐缩小。

1942年以来,太行区遭受了百年难遇的大旱灾,人民用水成了大问题。年末,庄稼歉收,又遇到了严重的蝗灾、水灾、病灾,许多地方这些灾难反复发生,整个太行区可以说是祸不单行。这里亟待救济的灾民达到35万人,还有大量从冀西、豫北和黄河以南的国统区逃过来的大量灾民需要安置。吃饭、穿衣是全区必须首要解决的问题,因此,动员一切力量战胜眼前面对的各种困难,成为密切党政军和人民群众关

## 困境中的根据地建设

系、推动一切工作的前提。

面对这样的严峻形势,作为一二九师政委的邓小平指出:要渡过难关,首先要减轻灾区人民的负担,其次要大力发展生产,才能战胜灾荒。为了减轻民众负担,邓小平认为全区要实行新的管理方式:一是精兵简政,减少脱离生产的人员;二是机关干部本身要在生活中做到节约,反对贪污浪费,自己解决部分经费问题。

邓小平亲自抓一二九师师部的精简,并赴各旅各军分区动员,还直接指导第六军分区的精简。在邓小平的努力下,一二九师一下子减少了多个伙食单位,减缩了部分机关,并抽调出一批干部加强地方武装和

各级武委会,把全区脱离生产人员压缩到总人口比例的百分之三以下。在精简的同时,邓小平还带领师部实行了严格的节约措施。他根据实际情况,对主力部队、地方武装部队和其他机关人员的小米及津贴费实行逐步压缩供应。办公费、菜金一律停发,由各单位在生产中自行解决。大家粮食不够吃,就采集野菜、树叶充饥,整天吃拌菜的"和子饭"。师长刘伯承、政委邓小平也和大家一样,厉行艰苦朴素的作风,他

## 困境中的根据地建设

们一再向行政科和管理员交代,不准揩大食堂的油。

邓小平深知,精简节约并不能彻底解决问题,要渡过难关最根本的出路在于自力更生。所以邓小平专门主持了一次有关经济建设的会议,要求各级党委充分发挥对生产工作的领导作用。之后,全区党政机关普遍发动灾民逐户制订生产自救计划,帮助灾民克服心中的迷信和悲观情绪,调动起他们战胜困难的积极性。

轰轰烈烈的生产运动开始后,邓小平在自己的办公室带头支起了纺车,在百忙之中挤出时间摇车纺纱,还拿着自己的生产成果与参谋人员比较。在邓小平的带动下,太行区各部队开辟了大量荒地,逐渐实现了经费、粮食自给,部队的生活不断得到改善,人民的生活负担也减轻了不少。

经过全区军民两年的努力,根据地最终战胜了严重的灾荒,并进入了新的发展阶段。在对日寇的作战中,不仅有力制止了日寇对根据地地区的蚕食,局部地区还转入了反攻。

# 困境中的根据地建设

### 哲理分享

学生：邓小平等老一辈革命家带领军民克服困难的精神太值得我们学习了。

老师：邓小平带领大家自力更生、艰苦奋斗，勇于面对困难，正是有这种精神，才帮助太行区军民走出了困境。邓小平不仅自己在生活中做到了艰苦朴素、自力更生，他更是以自身行为来感化、教导其他革命同志，让大家在自力更生、艰苦奋斗中为革命和社会主义建设事业积累点点滴滴的物质力量。如今，虽然我们在物质方面较革命年代大大丰富，但诸如自力更生、艰苦奋斗这种优良的革命传统还是应该继承下来，一代代传下去。

# 大别山上抗寒冬

学生:老师,你看我这件新棉衣好看吗?

老师:嗯,好看。孩子,你知道吗,你们现在真是太幸福了,面对寒冬,既可以穿得暖和,又可以穿得好看。但你肯定想不到,在物资极为缺乏的革命年代,老一辈革命家是怎样度过寒冬的。

## 大别山上抗寒冬

1947年6月,刘邓大军千里挺进大别山,像一把尖刀插入国民党的腹地,解放战争的序幕也由此揭开。年底,大别山已经进入了深秋初冬的季节,然而,战士们仍然穿着当初南征时被汗水浸透的那套单军衣。白天行军打仗时还能勉强熬过来,但一到夜晚,露寒霜重,寒风袭人,战士们冻得瑟瑟发抖,难以成眠。

看到战士们在潮湿寒冷的天气下被冻的样子,邓小平也是心焦如焚,夜不能寐。以前,每年这个时候后方都能够及时接济,加上老区群众的支持,棉衣早都发到战士们的手中了。可是现在,由于是在新区作战,远离后方,物资匮乏,而且大别山地区群众的生活也很艰苦,如果再不能在短时间内解决全军的冬装

问题，严冬不仅会对战士们的作战能力造成影响，还会对整个解放战争的战略布局造成影响。

尽管当时党中央已经指示晋冀鲁豫解放区设法筹措棉衣，但千里迢迢，关山阻隔，困难重重，要调动多少部队护送？花费多少时间？邓小平思前想后，斟酌再三，毅然决定：不再给党中央和老区人民增加负担，依靠当地人民群众的支援，就地设法解决冬衣。

从筹措资金到采购棉花、棉布，再到自己动手缝

## 大别山上抗寒冬

制棉衣,邓小平都一一作了指示。邓小平讲道:"全军动手缝棉衣,这件事在世界历史上也是空前的,是有重大政治意义的。各部队的领导同志,一定要充分做好思想动员工作。"考虑到大别山区群众生活很艰苦,邓小平指示部队,不要给群众增加负担,而把筹措资金的重点放在当地城镇的商人和乡村的大中地主身上,有借有还,不失信于民。

在邓小平的指挥下,野战军指挥部经过反复研究,制定了一套行之有效的筹措布匹的方法。在筹措布匹、棉花的过程中,邓小平又多次强调,必须严格执行政策,坚决防止对商人不讲政策,不讲方法,乱捉人,乱没收,坚决禁止向小商人筹款。

在战士们的积极努力下,很快布匹和棉花都筹集到了。战士们自己动脑筋,想办法,用树条、竹鞭和自制的弹弓来弹棉花,又用稻草灰和锅底灰把布染成灰色,然后脱掉单军衣,依样画葫芦,裁的裁,剪的剪,自己动手,缝制棉衣。

邓小平和战士们一样,自己动手,亲自裁剪,一针一线地缝制,他还和刘伯承一起经常去部队里检查战士们做棉衣的情况。发现战士们谁的棉衣缝的大小不合适的,邓小平和刘伯承会亲自帮他们裁剪。这样,在邓小平和刘伯承的示范和指导下,战士们互教互帮,边学边缝,半个月后,全军战士都穿上了自己缝制的棉军衣。

由于全军战士们都有了自制的棉大衣,所以刘邓

## 大别山上抗寒冬

大军顺利地渡过了大别山最寒冷的冬天和最艰苦的岁月,为解放战争最后的胜利奠定了重要的物质基础。

### 哲理分享

学生:刘邓大军可真是厉害,既能打仗,又能自制棉衣,不愧是我军的尖锐部队!

老师:刘邓大军面临的困难,在今日是难以想象的,然而这支部队充分发挥了我军自力更生、艰苦奋斗的优良传统,成功解决了冬装的难题,为我国的解放事业做出了巨大贡献。现在我们的生活水平提高了,大家不用再面对缺衣少吃的生活。然而,对于我们党和军队的一些优良传统,我们依然要继承和发扬下去。

# 建设成渝铁路

学生：为什么古人在谈到川蜀地区时，常说"蜀道难，难于上青天"？

老师：李白当年用这句诗，来形容川蜀地区山路崎岖难以攀爬，走这样的山路，比上天还要难。出门行路难的问题已经困扰了四川人民上千年，以前，四川没有铁路和航空线，出行只能靠走山路和坐船，新中国成立之后，在邓小平的带领下，四川从根本上改变了"行路难"的局面。

## 建设成渝铁路

1949年7月,刘伯承、邓小平根据党中央的指示,率第二野战军进军大西南,消灭了盘踞在西南地区的残余敌人,实现了西南地区的解放。由于战争才刚刚结束,西南地区满目疮痍,所以这里的接管、安置、剿匪和恢复生产的任务十分繁重。为了早日恢复正常的社会生活秩序,安定民心,邓小平全身心地投入到了西南地区的恢复和建设的工作之中。

四川虽素有"天府之国"之称,但这里直到解放还没有一条铁路,这对西南地区的经济文化发展而言是一件极为不利的事。邓小平作为主管西南地区的负责人,强烈地意识到交通对西南地区发展的重要性。在他看来,四川人民生活的安定和改善,经济的恢

复、振兴和发展，不能没有铁路。在邓小平的脑海里，迅速萌发了要尽快建成成渝铁路的想法。

几天之后，中共中央西南局做出了修建成渝铁路的重大决策。邓小平从西南军区抽调了三万多名战士，开始了前无古人的修建铁路工程。为了将成渝铁路修好，邓小平特意邀请了工程专家陈修和参与建设事宜，并委托他物色一批建设工程人才具体负责铁路

### 建设成渝铁路

的施工设计。陈修和为邓小平在西南地区兢兢业业的操劳所感动,他感觉他和他的同事们,一辈子都是看蓝图、绘蓝图、按蓝图生产建设的人,而邓小平也是绘蓝图的人,是绘另一种蓝图的人,他绘制的是整个国家的蓝图,蓝图上面有千千万万人民的未来。

修建成渝铁路时,为了保护好铁路沿线的文物古迹,邓小平又特地请来了重庆大学的张圣奘教授,并嘱咐道:"四川地区历史悠久,古代许多皇帝都曾在这里定都,所以地下有着大量的文物。成渝铁路即

将开工,参加筑路的多是来自部队的战士和工人,他们文化素质较低,很难分辨出文物,一旦在修筑过程中将文物损坏,那可是我们这辈人的罪过。所以,我想请你们专家到铁路沿线寻宝,鉴别保护文物,尽可能地避免铁路建设对文物造成损坏。"在邓小平的嘱托下,各路专家、学者迅速开始了各自的工作。虽然条件十分艰苦,但这并没有成为他们工作的障碍,相反,这种条件更加激励这些专家、学者,他们和普通的战士、工人一起住工棚、吃野菜,不畏严寒酷暑地奋斗在筑路第一线。

在筑路动员大会上,面对几万筑路大军,邓小平深情地说道:"四川人民为了一条铁路发动了一场革

## 建设成渝铁路

命,为此付出了多少生命和心血。现在都已经解放了,而铁路连影子也看不到。我们中国共产党领导的国家不是蒋介石时代的样貌了,他们没有给四川的老百姓修路,我们共产党一定要修成。"话音铿锵有力,台下官兵神情振奋,掌声雷动。

成渝铁路,这条新中国自主建筑的第一条铁路,在建设过程中,面临着重重困难。钢轨是自己轧成的,所需要的大量道砟和全部129万根枕木,都是在铁路沿线就地取材。沿线的民众听说国家要为百姓修路,纷纷将香樟、楠木等名贵木材献了出来,一些老人甚至将自己的寿材也锯成枕木送到了工地。有的农民将枕木送到了工地以后,不留姓

名,不收钱就走了。

经过广大解放军、工人和工程技术人员的辛勤劳动,前后不到两年,成渝铁路于1952年7月全线通车。在成渝铁路全线贯通的那一天,重庆发了一列专车去成都,川西平原为之轰动,燃炮击鼓,数日不绝。成都市郊,人山人海,扶老携幼,争看铁路。正是"一声修路蜀江欢"!

### 哲理分享

学生:邓小平不愧为一代伟人,他对西南地区的发展可谓功高至伟!而且他考虑得也是面面俱到,铁路要修,四川地区的文物也要保护好!

## 建设成渝铁路

老师:成渝铁路的成功建设,不仅对西南地区,对新中国的建设而言都是一场伟大的胜利!这都得益于邓小平对西南地区的发展富有远见卓识的创新思想,邓小平和他的建设事业必将永载共和国的历史!判断改革和各方面工作的是非得失,归根到底,要以是否有利于发展社会主义社会的生产力,是否有利于增强社会主义国家的综合国力,是否有利于提高人民的生活水平为标准。

# 信息技术要从娃娃抓起

学生：老师，当代中国的信息技术发展得可真快。

老师：是的，信息技术作为一种生产力对经济发展有巨大的促进作用，中国近年来信息技术能够取得如此大的进步，与国家对信息技术行业的重视是分不开的。

1984年2月中旬，上海市展览馆举办了十年科技成果展。这一天，13岁的李劲坐在计算机面前，显得稍

## 信息技术要从娃娃抓起

有不安,因为再过一会儿"一个特别重要的人物"就要来参观。在此之前,他不得不一遍一遍地演示他的程序给许多人看,大家也是一遍一遍地在他耳边叮嘱"要务求万无一失",为了达到万无一失,他自己也不知道练习了多少遍。

李劲一直不知道将要来参观的那个大人物到底有多大,直到这天上午参观活动开始前,他才被告知,来看他表演的是邓小平爷爷!

当邓小平在众人的陪同下来到展台前,李劲和另一位小同学马上开始他们的操作。只见他们熟练地按动着键盘,计算机屏幕上立刻就闪现出"热烈欢迎"的中、英文字样,接着又出现了一个造型生动的机器

人,闪烁着一双灵活有神的大眼睛,唱起了"我爱北京天安门,天安门上太阳升……"动听的歌声刚刚结束,一枚镌刻着"中国制造"的巨大火箭,呼啸着冲向蓝天,屏幕上豪迈地显示着:"中国,飞向宇宙!"

邓小平一直对中国信息技术的发展持支持态度,所以这次一看到操作计算机的还是两个孩子时,他高兴地笑了。看完他们的操作后,邓小平很满意地点了点头,亲切地问李劲:"你叫什么名字?"

## 信息技术要从娃娃抓起

"李劲。"

"多大了?"

"13岁。"

邓小平和蔼地抚摸着李劲的头,对身边陪同的领导干部们说:"计算机的普及要从娃娃抓起。"

顿时,这个小男孩一下成了全场摄像机的焦点,身边的小朋友们都对他投来羡慕的眼光。之后,他又高高兴兴地回答了邓爷爷问的其他几个关于计算机的问题。

这次参观,邓小平本来只安排参观1分钟,结果在李劲身边就逗留了6分钟,足可见邓小平对中国信息技

术的重视。邓小平那一句"从娃娃抓起"的指示，不知道为多少中国孩子打开了进入计算机科学神圣殿堂的大门！

当时，信息技术革命的浪潮已在全球兴起，邓小平高瞻远瞩，大力推进中国信息化进程。但是，中国在信息技术上的不足也是很明显的，信息技术起步晚、起点低，掌握关键技术的人才少之又少。所以，深知这一点的邓小平在此次参观中就明确提出"计算机的普及要从娃娃抓起"，这为中国信息技术在具体发展上提出了新的思路。信息技术的发展要从娃娃开始抓起，这样我们信息技术领域的年轻人才才会越来越多，信息技术的创新能力才能从根本上提升！

## 信息技术要从娃娃抓起

而邓小平那句"计算机的普及要从娃娃抓起",不仅推动了中国计算机的普及,也改变了当年那些孩子的命运。在邓爷爷亲切接见后,李劲全身心地扑在了计算机上。1987年,刚读完高一的李劲直升清华大学,三年半的时间里完成了清华大学电子工程系本科及硕士八年的课程,23岁博士毕业,成为微软中国研究院最年轻的研究员。

### 哲理分享

学生:原来邓小平爷爷那句"计算机的普及要从娃娃抓起"的指示,竟然有着这么大意义!

老师:邓小平的那句话看似很平常,但却是指导

中国信息技术发展的重要创新思路。邓小平曾说"科学技术是第一生产力",可见他对科技事业的重视。当前,我国信息产业发展已有很大的规模,许多产品产量已居世界第一位,但必须清醒地认识到,我国还远不是一个信息强国。所以,重温邓小平当年的指示,具有重大启示意义,要在年轻一代中普及计算机技术,使国家拥有强大的科技队伍和创新能力,只有这样,我国才能够成为信息强国!

一条蓝白相间的围脖

# 一条蓝白相间的围脖

学生：老师，我们班的卫生区在厕所附近，好脏好臭啊！别人见了我们都绕着走，我们都不太愿意做值日了。

老师：好孩子，厕所附近的确又脏又臭，不好打扫，但我们干工作不应该挑挑拣拣，应该培养自己吃苦耐劳的好习惯。

1926年初，邓小平到苏联莫斯科中山大学留学，正好与蒋经国（蒋介石的儿子）分到一个团小组，邓

小平的年龄比蒋经国大,而且知识渊博,生活经验也比较丰富,蒋经国很尊重邓小平,把他看成是"大哥"、"学长"。他们之间还有一段关于吃苦耐劳的故事呢!

中山大学位于莫斯科河岸的瓦尔芬柯街上,是一座四层楼房,雄伟宏大。冬天的莫斯科河结着厚厚的冰层,就像是一条银白色的丝带。虽然很冷,但邓小平、蒋经国等同学经常在莫斯科河边散步、聊天。蒋经国非常爱听邓小平讲他在法国勤工俭学的故事,经常为自己没有如此精彩的经历而深感遗憾。

注意细节的蒋经国发现邓小平脖子上总爱围着一

## 一条蓝白相间的围脖

条蓝白相间的大围脖。

蒋经国充满好奇地问:"希贤(邓小平的学名)兄,你怎么脖子上老爱围一条大围脖,冷也围,热也围,而且我发现你们几个从法国留学回来的好像都有一条啊?""不好吗?"邓小平面带微笑的反问道,"不要小看这条围脖,这可是我的骄傲啊!"

蒋经国伸手摸摸这条围脖,质地有点粗糙。"这样的围脖会是你的骄傲?"蒋经国脸上现出鄙夷状。于是邓小平又 次讲到了他们在法国勤工俭学时的一段经历:当时,他们的生存环境非常艰难,所有带到法国的钱,基本上就要花光了,不得不花大量的时间打工挣钱。他们在克娄梭钢铁厂打杂,在巴黎比扬古

雷诺工厂当钳工,在火车上当铲煤的司炉,在饭馆里做工……但是挣的钱仍然少之又少,甚至没办法解决自身的温饱问题。往日还能吃上一块羊角面包和一杯牛奶,可现在连羊角面包和牛奶都吃不上了。

邓小平和同伴们面临绝境,可就在"山重水复疑无路"时,出现了"柳暗花明又一村"。一位同学打听到,做清洁工是很挣钱的,比他们在法国干过的所有工作都要挣钱,于是他们加入到了清洁工的队伍中。法国清洁工的服装很特别,就是每人的脖子上都

## 一条蓝白相间的围脖

围着一条蓝白相间的围脖,这是清洁工的标志。每天早晨,天刚蒙蒙亮,有一群中国的留学生,胸前飘着蓝白相间的围脖,手中挥抡着扫把,在法国巴黎的街头打造着最美丽的风景。他们天天围着蓝白相间的围脖,工作着、快乐着、学习着、骄傲着。

讲完这段经历,邓小平骄傲地说:"这是在巴黎留下来的习惯,现在不围它呀,我还感觉怪

怪的呢!"蒋经国这才明白,邓小平是以自己当过清洁工而自豪啊!顿时,他对邓小平这位兄长产生了更深挚的敬佩之情。

学生:原来邓小平爷爷还干过清洁工啊!

老师:是啊,他不但干过清洁工,还把这当成是他的骄傲。正是因为他具有吃苦耐劳的好品格,才能使他在多年后成为叱咤风云的人物,为国家做出巨大的贡献。

# 虚心使人进步

学生：今天看到一句话："君子之学必好问，问与学，相辅而行者也。非学，无以质疑；非问，无以广识。"意思是不是学问既要学也要问啊？

老师：差不多是这个意思。学与问是相辅相成的。智慧有限，知识无涯。不学习就提不出疑问，不提出疑问就无法获得广博的知识。

在我们看来，马克思无疑是个博学而多才的人了。可是他丝毫没有自满之心，无论做什么，总是能理智地意识到自己的不足，然后找身边的朋友虚心求教。他从来不觉得请教别人是丢脸的事情。无论多小的问题，也许在别人看来根本不是个问题，只要他拿不准，他就会问，从来不怕被人笑话。他觉得不懂装懂导致犯了错误，才是闹笑话。再加上马克思治学非常严谨，再微小的问题，他都不想含混过去，一定要丁是丁、卯是卯地搞清楚才肯罢休。

有段时间，马克思研究经济关系，需要分析机器在资本主义经济运行中的关系，他不是资本家厂主，也不是工人，为了加深认识，他觉得自己一定要找个

## 虚心使人进步

有实践经验的人问清楚。他把所有认识的人筛选了一遍,最后他决定这事最好问恩格斯。他想:第一,恩格斯一直帮他父亲照管工厂,最有发言权;第二,恩格斯也研究经济关系,所以能从较高的角度来回答自己提的问题。

于是,他拿起笔来,不一会儿就把信写好了,他在信中直接向恩格斯坦承自己不懂的地方:"我始终不明白,走锭精纺机怎样改变了纺纱过程……纺纱工人的动力职能表现在哪里?如果你能帮我回答这个问题,我就太开心了。"

恩格斯收到信后,对马克思的虚心和谨慎非常赞赏。他觉得马克思已经是"专家"了,可是遇到这么

小的问题,居然还不耻下问,这是多么虚怀若谷的精神啊。

恩格斯对自己说:"我也一定要好好回答马克思这个问题,也算是为马克思谨慎科学的研究做点儿贡献。"他根据自己的经验,又询问了几个厂主朋友,最后把综合结果写信告诉了马克思。

还有一次,马克思研究固定资本在现实中的周转情况,觉得自己的感性认识少得可怜,他认为在感性

虚心使人进步

认识不足时,就不能妄下理性结论。为了弥补这一点,他只能借助于别人的感性认识,这次他又想到了恩格斯。他又向恩格斯写了一封信,咨询道:"你作为一个厂主一定十分清楚,那些流通货币是怎么一回事。你一定要回答我这个问题,千万别跟我谈理论,我需要的是实际情况,越实际越好。"

恩格斯这次也一样,详细地回答了马克思的问题。

这样的例子不胜枚举,几乎所有的朋友都接受过马克思各个方面的请教。

马克思除了向朋友请教外,他还认真向别人学习,特别是向工人学习,他一直很重视工人对工人运

动的意见,同时热情而耐心地向他们宣传革命的思想。因为他知道,劳动者可以教给他无穷的智慧和丰富的经验,这些在别处是学不来的。

## 哲理分享

学生:马克思的确很虚心,他那么博学还虚心求教,我们真应该向他学习。

老师:说得太对了。孔子说,三人行,必有我师。能者为师,所以任何人都可能成为我们的老师,我们要虚心请教,善于在生活中寻找良师益友,吸收他人的长处,完善自己,成长自己。所谓山不厌高,水不厌深,也是这个道理。

# 磨刀不误砍柴工

学生：老师，有的时候，看完书后，很快就把书的内容给忘了。怎样才能记住精彩的内容呢？

老师：最好的办法就是记笔记。俗话说，好记性不如烂笔头。记笔记绝对能加深对书中知识的记忆。而且记笔记不单单是摘抄，还可以写下你对书的理解和感悟，这不但有助于你记住书中的精彩内容，对你的理解能力和写作能力都非常有帮助。当你拿起笔记时，看到自己

的摘抄或者感悟的语句，自然而然就会想起以前读过的内容，而且记得会更深刻。

很多人都喜欢读书，可是你知道该怎么读书吗？

古人说："不动笔墨不读书。"真正的读书要做到心到、口到、眼到、手到。将自己在读书时获得的资料或感受记下来，这就是读书笔记。记笔记不但可以强化记忆、训练思维，也可以积累知识、练习写作。

马克思就非常善于做笔记。他一生读了无数的书，学识非常渊博。所有认识他的人都为他的记忆力感到吃惊，惊叹他能深刻准确地记住读过的书，即使

## 磨刀不误砍柴工

这样,马克思也不偷懒,坚持做读书笔记。

只要有可能,马克思任何时候都可以马上工作。即使是去散步,他也要随身带一个笔记本,保证自己想到什么时,能马上在上面记下来。每个人都知道马克思费尽毕生心血撰写了《资本论》,但是谁知道马克思为写资本论,读了多少书写了多少笔记?我们可以看看下面的这些数字:他仅在1850年8月至1853年6月,就摘录了70个不同作者的著作,写了24本有关政治经济学的笔记,研究了1500多种书籍,光笔记就写了100多本。

这些让我们吃惊不已的数字,足以说明马克思的勤奋和认真。很多时候马克思连笔记本都是自己制作

的。一般的情况下,他都是等到休息的时候,拿来一叠白纸,先对折,然后沿着中间的折印缝上一道线,这样一本简单方便的笔记本就做好了。

做笔记时,马克思非常讲究。遇到简单的,他会在书上直接做笔记。遇到稍微复杂点的,则需要在笔记本上记笔记了。如果有人打开马克思的笔记本,肯定以为是在看天书——里面不但有文字,还有符号,密密麻麻的。这样的笔记,只有编者自己能看明白。马克思为了便于查找,把记笔记的时间和地点写在笔记本的封面上,后面注明序号,有的还加上标题。这样一来,不管他想找哪一本笔记,只要按照封面上的编号和标题查找,马上就可以找到。做笔记时多做一

## 磨刀不误砍柴工

步，查找时就方便很多，能节省不少时间和精力。

马克思的笔记，不但有编号，还有各类符号。笔记旁边留出的空白处有粗细实线、虚线、"X"、"＋"等各种记号，为了加以区别，这些记号分别用铅笔、钢笔等不同的笔来标明。

更让人叹服的是，马克思还对许多笔记编制了目录和内容提要，然后放到特定的地方，需要时不用翻找，随手就能抽出来。很多喜欢做笔记的人，看到马克思

的笔记时,都忍不住赞叹:这才是做笔记啊!也只有这样做笔记的人,才能写出《资本论》那样的著作。

### 哲理分享

学生:马克思这样做笔记岂不是很浪费时间?读书的速度肯定就慢了。

老师:他这样读书,看似是慢了,但是他看完一本,就掌握了一本。如果只求数量,不求质量,囫囵吞枣地看书,看似是快了,但是论起掌握程度来说,还是马克思那样看书更扎实。要知道,磨刀不误砍柴工。只有工具得力了,工作才能更顺手、更高效。

# 揭开神奇催眠术的秘密

学生：老师，魔术师的表演好神奇啊，世界上究竟有没有魔法和神仙鬼怪等超自然的东西呢？

老师：恩格斯说过："世界的真正的统一性在于它的物质性，而这种物质性不是由魔术师的三两句话所证明的，而是由哲学和自然科学的长期的和持续的发展所证明的。"

在一年寒冷的冬季里,一位神秘人士在英国的曼彻斯特掀起了一股热潮。此人名叫斯宾·霍尔,使他声名大振的是一种表演,一种能够证明"上帝存在"的神奇表演。

恩格斯就在这个冬天在曼彻斯特与这位斯宾·霍尔先生相遇了,他很认真地打听了这位神秘人士种种不可思议的传闻……

之前,在几名"忠诚于上帝"的教士的赞助下,斯宾·霍尔已经在英国的几个大城市进行了巡回表演,在不少地方都引起了轰动。他所表演的,是一种名为"少女催眠颅相学"的把戏。在这一表演中,一名少女先是接受斯宾·霍尔的催眠,在她进入恍惚的

## 揭开神奇催眠术的秘密

状态后,施加催眠的"魔法师"只要摸一摸她颅骨上的任何一个"特定器官",少女就会像演戏一样做出各种表示相应器官控制能力的动作和姿势。比如,如果抚摸了所谓"敬神器官",少女就会双膝跪地,双手合十,做出一副虔敬祈祷的天使的模样;如果摸一下所谓"爱孩子器官",少女就会做出爱抚和亲吻婴孩的动作——当然,婴儿只是假想。

其实,斯宾·霍尔的把戏并非他自己的发明,"催眠颅相学"实际上是由一位名叫加尔的维也纳医生提出的。它的奇妙之处就在于,催眠术是有一定科学依据和实证的,而并非是十足的巫术,这无疑是在科学的殿堂里扬起了一幡神灵的大旗。这一点,不仅

让当时的普通老百姓迷惑,同时也让一些科学家感到不解。当时,和达尔文同时提出物种通过自然选择发生变异理论的著名动物学家兼植物学家阿尔弗雷德·拉塞尔·华莱士甚至都对此深信不疑。华莱士在一本名为《论奇迹和现代唯灵论》的书中详细说明了这一点,恩格斯评论说:"华莱士先生终于相信了催眠颅相学的奇迹,这样他的一只脚已经踏进神灵世界中去了。"

坚持唯物主义的恩格斯当然不会相信这套上帝显灵的鬼把戏,但他并没有简单粗暴地

揭开神奇催眠术的秘密

宣布"催眠颅相学"是彻头彻尾的伪科学,而是秉着科学的态度,认真对斯宾·霍尔的表演以及其背后的"催眠术"进行了深入的实验和研究。

恩格斯选择了一个12岁的活泼男孩作为实验对象,对他进行催眠,结果安详的凝视或轻柔的抚摩就轻而易举地使他进入催眠状态。恩格斯还发现,除了很容易产生的肌肉僵硬和丧失知觉状态以外,小男孩儿还进入了一种意志完全被动而感觉又异常过敏的状态,当他一旦由于任何外部刺激而从昏睡中醒过来,他就显得比清醒的时候活跃得多。而这跟催眠者没有任何神秘的感应关系;任何其他的人都同样可以很容易地使被催眠者动作起来。那么,所谓的摸摸"特殊

器官"就会显灵的事情,就是轻而易举可以做到的了,甚至摸一下他的大脚趾,他都会演出最妙的喝醉酒的滑稽戏,甚至是唱歌、吹口哨、吹笛、跳舞、拳击、缝纫、补鞋、抽烟等,都可以轻而易举地实现。这个小孩经过实际练习很快便熟练到这样的程度:只要多少有一点暗示就够了。这就说明,所谓"催眠颅相学",不过是一系列与清醒状态时的现象多半只在程度上有所不同的、无须做任何神秘主义解释的现象。只要被催眠者同催眠者开个玩笑,那就连世界上最有魔力的催眠家也无计可施了。

## 揭开神奇催眠术的秘密

### 哲理分享

学生：原来对待魔术等神奇的东西，通过科学的实验就可以验证它们的真伪了。

老师：魔术是一种曲艺形式，真正应当揭露的不是魔术，而是那些披着科学外衣的种种骗术和伪科学。不过，包括魔术在内，所有超自然的、看上去很神奇的东西，本质上其实都是虚幻的。只有物质才是这个世界的本原，世界上没有上帝，也没有神仙鬼怪，没有超自然的"法力"。只有以科学的态度面对客观存在，通过实验和科学研究，才能够发现所有炫目光环背后的秘密。

# 造就天才的秘密

学生：恩格斯成为一代伟人，主要是因为他的天赋和勤奋刻苦吗？

老师：事物的存在和发展，不仅取决于内因，也取决于外因。其中，内因决定了事物发展的方向和趋势，是根本性、决定性的因素；但这并不意味着外因不重要，外因在事物的发展中有很大的影响，它可以加速或者延缓事物的发展。当内因提供了某种变化的可能性时，外因便常常成为把这种可能变为现实的决定性条件。

## 造就天才的秘密

多年前,一位自然科学博士慕名拜访了恩格斯,在会面结束后,他深有感触地向别人说道:"我去拜访的那个人是科学社会主义的创始人和主要代表,但是我没有想到,在我的专业方面我还可以向他学习。"

其实,谁能想到,恩格斯并没有接受过任何自然科学方面的高等教育,他甚至连中学都没有毕业。

恩格斯堪称一位自然科学的天才,他在自然科学研究方面有着非凡的造诣。这一点,从他最重要的两部著作《反杜林论》和《自然辩证法》中就可以看出来。这两部著作包含了大量内容丰富而又思想深刻的自然科学知识及哲学原理,其涵盖的知识面之广、之

深,是当时一些科学家和哲学家都不能企及的。

1834年秋天,恩格斯进入爱北斐特中学上学,这是一所公认的普鲁士最好的中学。这所学校很重视自然科学的教学,每周都要安排四分之一的课时向学生教授数学、物理、地理等科学。勤奋的恩格斯怀着对自然科学的浓厚兴趣,如饥似渴地吸收着这些科学的营养,这给年轻的恩格斯打下了良好的自然科学知识的基础。

在研究发展辩证唯物主义理论的过程中,恩格斯认识到,自然界是检验辩证法的试金石,这不在于把辩证规律硬塞进自然界,而在于从自然界中找出这些规律并从自然界出发加以阐发。既要对自然科学的种

造就天才的秘密

种现象给予辩证唯物主义的科学解释,又要吸收自然科学研究的成果,发展辩证唯物主义。他要根据充分的自然科学知识证明,在自然界中,也同人类社会和思维领域中一样,辩证法规律是普遍存在的,由此出发,把唯物的和辩证的自然观系统阐述出来,完成自然观方面的根本性变革,从而捍卫辩证唯物主义的革命世界观。

于是,恩格斯刻苦地研究自然科学。他广泛涉猎了自然科学的各个领域,对当时数学、化学、古生物、物理、地理等学科的发展给予了密切关注,对各学科的研究成果进行了总结。

1838年,德国植物学家施莱登提出,在任何植物

体中,细胞是结构的基本成分;低等植物由单个细胞构成,高等植物则由许多细胞组成。后来,德国动物学家施旺将此概念扩展到动物界,从而形成了所有植物和动物均由细胞构成这一科学概念,即"细胞学说"。恩格斯研究了这一学说,认为它充分论证了量变引起质变这一辩证法的规律。

1840年,英国物理学家焦耳发表了一篇论文,指出了电导体所发出的热量与电流强度、导体电阻和通电时间的关系。他沿着这一方向,在

## 造就天才的秘密

1853年前后，陆续形成了能量守恒和转化定律的理论。恩格斯在研究了这一理论后指出，它是"关于反思的规定如何互相转化的一个绝妙的物质例证"。

1859年，达尔文的《物种起源》问世了。该书出版几天后恩格斯就读完了这本科学巨著，书中的研究成果给恩格斯以极大的启示，他后来对马克思说："写得简直好极了。目的论过去有一个地方还没有被驳倒，而现在被驳倒了。此外，至今还从来没有过这样大规模的证明自然界的历史发展的尝试，而且还做得这样成功。"

在写给马克思的信中，恩格斯叙述了他对生理学、物理学和化学的研究工作，并说："最近30年来

自然科学的新发展充分证实了辩证法的世界观,如果黑格尔现在写一本《自然科学》,那么论据会从四面八方向他飞来。"

可见,恩格斯能够成长为一代伟人,既是由于他的天赋和勤奋刻苦,也与当时科学新发现层出不穷、科学理论创新风起云涌等外因有着密切的关系。如果没有这些研究成果发展的外因,恩格斯恐怕要在成长的道路上付出更多的艰辛努力。

## 哲理分享

学生:看来,我们每个人所能达到的水平,除了取决于自己的天分、后天的努力外,还要受到许多客

观条件的制约。

老师：对。内因是变化的根据，外因是变化的条件，但是我们也要注意，外因要通过内因才能起作用。在学习中，我们接受同样的教育，但成绩各有不同，这就说明，归根到底还是要靠自己付出努力才能取得进步。

# 珍贵的小纸片

学生：人们喜欢说时机成熟事才成，什么时候才算是时机成熟呢？

老师：事物发展过程中都是量变引起的质变，没有质变就没有发展，量的积累达到一定程度，引起质变的过程就是时机成熟。

大概是受母亲的影响，列宁从小就非常喜欢读书，也从书中吸取了非常多的先进思想和理论，这个

## 珍贵的小纸片

好习惯一直伴随着他的一生。甚至可以说，列宁能从一个普通的青年成长为卓越的马克思主义者，其中一个很重要的原因，就是他大量的阅读。这为他后来的成功，做了最为基础的铺垫。

直到今天，那些被珍藏的列宁曾读过的书上，还密密麻麻的显现着当年列宁做的笔记，几乎每一页都弄得斑斑点点的，可以想象当时列宁读这些书时，一手拿书一手握笔低头思考，时而又在字里行间画线加点的情景。这些笔记，其实就是列宁与作者激烈的探讨，读到精彩之处，他会写上"机智灵活""妙不可言"等，读到不对的地方也会批注上"废话""莫名其妙"等，凡是认为重要的书籍，列宁都会翻来覆去

读好几遍，同时在目录上做好索引，记录下精彩的地方具体在哪页，以供后面再读的时候重点研习。

有一次，列宁费了很大劲才借到马克思主义经典著作《神圣家族》一书，这是一本从理论上彻底批判唯心主义的著作。主要观点是，无产阶级必须消灭集中体现在自己身上的现代社会一切违反人类的生活条件，才能自己解放自己。深刻的理论论述让该书的出版成为无产阶级世界观理论基础的重要里程碑。然而，在沙皇统治下，马克思主义的著作是严禁阅读的。但是，此刻的列宁也已经成为一位马克思主义者，他需要这样的理论来充实自己。借到书之后，就开始系统而仔细地阅读，把书目仔细记下。他甚至

## 珍贵的小纸片

详细记录了哪些是马克思写的,哪些又是恩格斯写的……这本书为后来列宁建立俄国社会主义民主工党打下了坚实的理论基础。

列宁不仅在读书时认真做笔记,他还把这些读书笔记当成最重要的财富,从来不乱丢乱放,而是整整齐齐地放进自己的书柜里,并按照阅读书的顺序摆放。列宁的夫人在日记中写道:"虽然他的记忆力很强,但他从来不信任自己的记忆力,无论什么时候,他总是用最大的精确性来说明事

实,而不是来一个'大概'或者单凭记忆……"

列宁的重要著作《哲学笔记》,以辩证法思想为中心,同时涉及认知论、逻辑、历史唯物主义、哲学史和自然科学哲学等各方面的问题,内容极为丰富。这本书并不是一本现成的著作,而是一部由后人收集、整理和编辑出版的列宁在二十余年中陆续写下的各种不同性质的读书笔记、心得和阅读批注的汇编。

 哲理分享

老师:量的积累达到一定的程度之后会引起质变,这是事物发展的规律,也是社会发展的规律。如列宁读书时候的点滴笔记,积累到一定量之后,成就

珍贵的小纸片

了以辩证法思想为中心,集认知论、逻辑、历史唯物主义、哲学史和自然科学哲学为一体的重要著作,为人类文明发展进程中留下了宝贵的财富。这就是由量变引起的质变,社会的发展是质变的结果。

# 最不听话的病患

学生：是什么让列宁生病了，还依然坚持工作？

老师：革命的坚定信念和为人民服务的绝对信仰，使得列宁即使生病了，也不忘工作。在人类社会发展演变过程中，总有这样一部分人牺牲掉自己的时间、健康，甚至是生命来促成社会的发展。我们应该从他们身上学到牺牲精神和奉献精神。

## 最不听话的病患

面对刚有点起色的苏维埃政权,列宁几乎把所有的时间都安排在了工作上,长时间的高强度工作严重损害了列宁的健康。到1921年年底,他的身体状况已经非常糟糕了,一夜一夜地失眠,加上严重的头疼折磨着他。医生推测他的头疼是1918年受伤后留下的两颗子弹所引起的。虽然当时手术的时候取出一颗,但还有一颗子弹仍然留在他的身体中,并不时地引发病痛。同志们都劝他去修养,但他不愿意离开自己所热爱并追求的革命事业。列宁渴望工作,没有工作,他觉得自己简直活不下去了,工作俨然成了他生活中最重要的组成部分。

一天,医生对列宁说:"就目前的身体状况而

言,您不得不去好好修养了。"列宁指着桌子上的一大堆文件,说:"事情这么多,我哪有时间去修养呢,等将来有时间了再说吧。"没过多久,列宁病倒了,不得不去格尔克修养。在此期间,他的病还突然加重,他的右手和右脚同时挪动不得,甚至连话都说不清楚,医生确诊他为半身瘫痪。虽然得了这么严重的病,但列宁以自己特有的意志同病魔做斗争。他清楚地知道,祖国需要他,苏维埃需要他,布尔什维克党也需要他。

## 最不听话的病患

他就凭着这样坚定的精神和顽强的意志练习说话和写字,居然神奇地逐渐恢复了。

虽然没有痊愈,但有了好转后,列宁就又投入到紧张的工作中去了。1922年10月,列宁从格尔克回到莫斯科,医生要求他每天的工作不能超过五个小时:上午十一点到下午两点,下午六点到八点,一周必须休息两天。但这个要求对列宁来说,是根本不现实的。

列宁每天九点半就到办公室了,秘书按照医生的吩咐在接待室等着"监督"他,看到列宁后,就说:"您好,列宁同志。医生吩咐我监督您的作息时间。您怎么来得这么早呢?"列宁微笑着说:"我只是想

早点看看今天的报纸登了哪些重要新闻。"说完他就走到办公室,带着略微苍白的脸色开始有条不紊地安排工作了。待十一点的钟声敲响,列宁的"合法"工作时间开始了,他立马召见秘书,听取关于收到的文件的报告,并交代给他们任务。紧接着开始批示公文。中午时分,该吃饭了,列宁口头上答应着秘书的"叮嘱",手里却一直忙活着。同样的,列宁所谓的工作日和休息日与未生病时几乎没有任何区别,他的脑子都在不停地紧张工作着。

尽管医生给他规定了严格的时间工作制度,但他总是不知疲倦地考虑他毕生所从事的事业,他为这一事业付出了自己的一切力量。正如他所说的,这份工

## 最不听话的病患

作完全是他生活中不可或缺的部分,也是他一生中不可或缺的部分。

### 哲理分享

学生:怎样才能实现人生的价值?

老师:奉献。伟人之所以成为伟人,是因为他们在有限的生命里为全人类做出了巨大的贡献。列宁即使生病了,也放不下手中的工作,他为这一事业付出了自己的一切力量,他的人生价值得到了充分的体现。季羡林说过,如果人生真有意义与价值的话,其意义与价值就在于对人类发展的承上启下、承前启后的责任感。我们能够为社会的发展、人类文明的进步

献出自己的一份力,哪怕是微不足道的,但它会让你的人生变得有价值、有意义。